Impressum
Verlag: BABADADA GmbH, Nedderfeld 112 , 22529 Hamburg
Geschäftsführer / Verlagsleitung: Harald Hof
Druck: Books on Demand GmbH, In de Tarpen 42, 22848 Norderstedt

Imprint
Publisher: BABADADA GmbH, Nedderfeld 112 , 22529 Hamburg, Germany
Managing Director / Publishing direction: Harald Hof
Print: Books on Demand GmbH, In de Tarpen 42, 22848 Norderstedt

sekolah
school

bilik darjah
classroom

bahagi
divide

186/2

papan
board

laman/taman sekolah
school yard

guru
teacher

kertas
paper

tulis
write

pen
pen

meja
desk

pembaris
ruler

buku
book

murid
pupil

beg galas
satchel

kotak pensel
pencil case

pensel
pencil

pengasah pensel
pencil sharpener

pemadam
rubber

kertas lukisan
drawing pad

sekolah - school

melukis

drawing

berus lukis

paintbrush

kotak warna

paint box

gunting

scissors

gam

glue

buku latihan

exercise book

kerja rumah

homework

nombor

number

tambah

add

tolak

subtract

darab

multiply

kira

calculate

huruf

letter

abjad

alphabet

kata

word

teks

text

baca

read

kapur

chalk

pelajaran

lesson

daftar

register

peperiksaan

exam

sijil

certificate

uniform sekolah

school uniform

pendidikan

education

ensiklopedia

encyclopedia

universiti

university

mikroskop

microscope

peta

map

bakul sampah

waste-paper basket

hotel
hotel

asrama
hostel

pejabat tukaran mata wang
bureau de change

beg pakaian
suitcase

kereta
car

bahasa
....
language

ya / tidak
....
yes / no

okey
....
Okay

helo
....
hello

penterjemah
....
translator

Terima kasih
....
Thank you

berapa banyak...?

how much is...?

saya tidak faham

I do not understand

masalah

problem

Selamat petang!

Good evening!

Selamat Pagi!

Good morning!

Selamat Malam!

Good night!

selamat tinggal

bye bye

arah

direction

bagasi

luggage

beg

bag

beg galas

backpack

tetamu

guest

bilik tidur

room

beg tidur

sleeping bag

khemah

tent

maklumat pelancong
tourist information

pantai
beach

kad kredit
credit card

sarapan
breakfast

makan tengah hari
lunch

makan malam
dinner

tiket
ticket

lif
lift

setem
stamp

sempadan
border

kastam
customs

kedutaan
embassy

visa
visa

pasport
passport

kapal terbang
aeroplane

kapal
ship

kereta bomba
fire engine

bas
bus

trak
truck

motobot
motorboat

basikal
bike

kereta
car

feri
ferry

bot
boat

motosikal
motorbike

kereta polis
police car

kereta lumba
racing car

kereta sewa
rental car

berkongsi kereta

car sharing

trak tunda

breakdown truck

trak menolak

refuse truck

motor

motor

bahan api

fuel

stesen minyak

petrol station

tanda trafik

traffic sign

trafik

traffic

kesesakan lalu lintas

traffic jam

tempat parkir

car park

stesen kereta api

train station

trek

tracks

kereta api

train

trem

tram

gerabak

carriage

helikopter

helicopter

lapangan terbang

airport

Menara

tower

penumpang

passenger

bekas

container

kadbod

carton

kart

cart

bakul

basket

berlepas / mendarat

take off / land

bandar
city

kampung

village

pusat bandar

city centre

rumah

house

pawagam
cinema

iklan
advert

lampu jalan
street lamp

jalan
street

teksi
taxi

kedai makanan ringan
snack shop

pejalan kaki
pedestrian

turapan
pavement

lintasan zebra
zebra crossing

tong sampah
bin

lintasan
crossing

lampu isyarat
traffic lights

pondok

hut

flat

flat

stesen kereta api

train station

dewan bandar

town hall

muzium

museum

sekolah

school

universiti

university

bank

bank

hospital

hospital

hotel

hotel

farmasi

pharmacy

pejabat

office

kedai buku

book shop

kedai

shop

kedai bunga

florist's

pasar raya

supermarket

pasaran

market

gedung

department store

penjual ikan

fishmonger's

pusat membeli-belah

shopping centre

pelabuhan

harbour

taman

park

bangku

bench

jambatan

bridge

tangga

stairs

bawah tanah

underground

terowong

tunnel

hentian bas

bus stop

bar

bar

restoran

restaurant

peti surat

postbox

papan tanda jalan

street sign

meter parkir

parking meter

zoo

zoo

kolam renang

swimming pool

masjid

mosque

ladang

farm

pencemaran

pollution

tanah perkuburan

graveyard

gereja

church

taman permainan

playground

kuil

temple

landskap

landscape

daun
leaf

tiang tanda
signpost

jalan
way

padang rumput
meadow

batu
stone

pejalan kaki
hiker

pokok
tree

sungai
river

rumput
grass

bunga
flower

lembah
valley

bukit
hill

tasik
lake

hutan
forest

padang pasir
desert

gunung berapi
volcano

istana
castle

pelangi
rainbow

cendawan
mushroom

pokok kelapa sawit
palm tree

nyamuk
mosquito

terbang
fly

semut
ant

lebah
bee

labah-labah
spider

kumbang

beetle

katak

frog

tupai

squirrel

landak

hedgehog

arnab

hare

burung hantu

owl

burung

bird

angsa

swan

babi jantan

boar

rusa

deer

moose

moose

empangan

dam

turbin angin

wind turbine

panel solar

solar panel

iklim

climate

pelayan
waiter

menu
menu

kerusi
chair

sup
soup

piza
pizza

alas meja
tablecloth

kutleri
cutlery

pemula
starter

hidangan utama
main course

pencuci mulut
dessert

minuman
drinks

makanan
food

botol
bottle

makanan segera

fast food

makanan jalanan

street food

teko

teapot

mangkuk gula

sugar bowl

bahagian

portion

mesin espreso

espresso machine

kerusi tinggi

high chair

bil

bill

dulang

tray

pisau

knife

garfu

fork

sudu

spoon

sudu teh

teaspoon

serviette

serviette

gelas

glass

pinggan

plate

mangkuk sup

soup plate

piring

saucer

sos

sauce

tempat garam

salt pot

pengisar lada

pepper mill

cuka

vinegar

minyak

oil

rempah

spices

sos

ketchup

mustard

mustard

mayones

mayonnaise

pasar raya
supermarket

tawaran istimewa
special offer

pelanggan
customer

tenusu
dairy

buah-buahan
fruit

troli
trolley

tukang daging
butcher's

kedai roti
baker's

berat
weigh

sayur-sayuran
vegetables

daging
meat

makanan sejuk beku
frozen food

daging sejuk

cold meat

makanan dalam tin

tinned food

serbuk pencuci

washing powder

gula-gula

sweets

produk isi rumah

household products

produk pembersihan

cleaning products

orang jualan

salesperson

daftar tunai

till

juruwang

cashier

senarai membeli-belah

shopping list

waktu pembukaan

opening hours

beg duit

wallet

kad kredit

credit card

beg

bag

beg plastik

plastic bag

air

water

jus

juice

susu

milk

kola

coke

wain

wine

bir

beer

alkohol

alcohol

koko

cocoa

the

tea

kopi

coffee

espreso

espresso

kapucino

cappuccino

pisang

banana

epal

apple

oren

orange

tembikai

melon

lemon

lemon

lobak merah

carrot

bawang putih

garlic

buluh

bamboo

bawang

onion

cendawan

mushroom

kacang

nuts

mi

noodles

spageti

spaghetti

nasi

rice

salad

salad

kerepek

chips

kentang goreng

fried potatoes

piza

pizza

hamburger

hamburger

sandwic

sandwich

kutlet

cutlet

ham

ham

salami

salami

sosej

sausage

ayam

chicken

panggang

roast

ikan

fish

bubur oat

porridge oats

muesli

muesli

emping jagung

cornflakes

tepung

flour

kroisan

croissant

roti roll

bread roll

roti

bread

roti bakar

toast

biskut

biscuits

mentega

butter

dadih

curd

kek

cake

telur

egg

telur goreng

fried egg

keju

cheese

ais krim

ice cream

gula

sugar

madu

honey

jem

jam

krim nougat

chocolate spread

kari

curry

rumah ladang
farmhouse

bandela jerami
straw bale

bangsal
barn

bidang
field

kuda
horse

treler
trailer

anak kuda
foal

traktor
tractor

keldai
donkey

biri-biri
sheep

kambing
lamb

kambing

goat

lembu

cow

anak lembu

calf

babi

pig

anak babi

piglet

lembu

bull

angsa

goose

itik

duck

anak ayam

chick

ayam betina

hen

ayam jantan muda

cock

tikus

rat

kucing

cat

tikus

mouse

lembu jantan

ox

anjing

dog

rumah anjing

doghouse

hos taman

garden hose

bekas siraman

watering can

sabit

scythe

bajak

plough

sabit

sickle

cangkul

hoe

serampang peladang

pitchfork

kapak

axe

kereta sorong

wheelbarrow

palung

trough

tin susu

milk can

karung

sack

pagar

fence

stabil

stable

rumah hijau

greenhouse

tanah

soil

benih

seed

baja

fertilizer

jentuai

combine harvester

tuai

harvest

menuai

harvest

keladi

yams

gandum

wheat

soya

soy

kentang

potato

jagung

corn

biji sawi

rapeseed

pokok buah-buahan

fruit tree

ubi kayu

cassava

bijirin

cereals

cerobong
chimney

atap
roof

penurun
drainpipe

tetingkap
window

garaj
garage

loceng pintu
doorbell

pintu
door

tong sampah
rubbish bin

peti surat
letterbox

taman
garden

ruang tamu
....
living room

bilik air
....
bathroom

dapur
....
kitchen

bilik tidur
....
bedroom

bilik kanak-kanak
....
child's room

ruang makan
....
dining room

lantai

floor

dinding

wall

siling

ceiling

bilik bawah tanah

cellar

sauna

sauna

balkoni

balcony

teres

terrace

kolam renang

pool

pemotong rumput

lawn mower

lembaran

sheet

penutup tilam

bedspread

katil

bed

penyapu

broom

timba

bucket

suis

switch

kertas dinding
wallpaper

gambar
picture

lampu
lamp

rak
shelf

kabinet
cupboard

pendiangan
fireplace

televisyen
television

kusyen
cushion

bunga
flower

sofa
sofa

pasu
vase

alat kawalan jauh
remote control

permaidani
carpet

tirai
curtain

meja
table

kerusi
chair

kerusi malas
rocking chair

kerusi
armchair

buku

book

selimut

blanket

hiasan

decoration

kayu api

firewood

filem

film

hi-fi

hi-fi equipment

kunci

key

akhbar

newspaper

lukisan

painting

poster

poster

radio

radio

buku catatan

notepad

penyedut habuk

hoover

kaktus

cactus

lilin

candle

peti sejuk
fridge

ketuhar gelombang mikro
microwave oven

penimbang dapur
kitchen scales

pembakar roti
toaster

bahan pencuci
detergent

oven
oven

penyejuk beku
freezer

tong sampah
rubbish bin

pembasuh pinggan mangkuk
dishwasher

periuk dapur

cooker

periuk

pot

periuk besi

cast-iron pot

kuali

wok / kadai

pan

pan

cerek

kettle

pengukus

steamer

dulang pembakar

baking tray

pinggan mangkuk

crockery

koleh

mug

mangkuk

bowl

penyepit

chopsticks

senduk

ladle

spatula

spatula

pengadun

whisk

penapis

strainer

ayak

sieve

pemarut

grater

mortar

mortar

barbeku

barbecue

pembakaran terbuka

open fire

papan pencincang

chopping board

pin golekan

rolling pin

skru gabus

corkscrew

tin

can

pembuka tin

can opener

pemegang periuk

pot holder

sinki

sink

berus

brush

span

sponge

pengisar

blender

penyejuk beku

deep freezer

botol bayi

baby bottle

paip

tap

mandi
shower

pemanasan
heating

tuala
towel

tirai mandi
shower curtain

mandi buih
bubble bath

tab mandi
bathtub

gelas
glass

mesin basuh
washing machine

paip
tap

jubin
tiles

tandas
potty

sinki
sink

tandas
toilet

tandas mencangkung
squat toilet

mangkuk tandas
bidet

tandas awam
urinal

kertas tandas
toilet paper

berus tandas
toilet brush

berus gigi

toothbrush

ubat gigi

toothpaste

flos gigi

dental floss

cuci

wash

mandian tangan

handheld shower

pancuran

douche

besen

basin

belakang berus

back brush

sabun

soap

gel mandian

shower gel

syampu

shampoo

flanel

flannel

longkang

drain

krim

cream

deodoran

deodorant

cermin
mirror

cermin tangan
hand mirror

pisau cukur
razor

busa cukur
shaving foam

selepas cukur
aftershave

sikat
comb

berus
brush

pengering rambut
hair dryer

semburan rambut
hairspray

mekap
makeup

gincu
lipstick

varnis kuku
nail varnish

bulu kapas
cotton wool

gunting kuku
nail scissors

pewangi
perfume

bilik air - bathroom

beg basuhan

washbag

bangku

stool

skala berat

weighing scale

jubah mandi

bathrobe

sarung tangan getah

rubber gloves

kapas

tampon

tuala wanita

sanitary towel

tandas kimia

chemical toilet

child's room

jam loceng
alarm clock

mainan kegemaran
cuddly toy

kereta mainan
toy car

kerincing bayi
rattle

rumah anak patung
doll's house

hadiah
present

belon
balloon

katil
bed

kereta sorong bayi
pram

set kad
deck of cards

susun suai gambar
jigsaw

komik
comic

batu bata lego

lego bricks

blok mainan

building blocks

figura aksi

action figure

baju bayi

babygrow

frisbee

frisbee

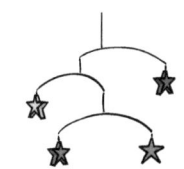

mainan bayi mudah alih

mobile

permainan papan

board game

dadu

dice

set model kereta api

model train set

palsu

dummy

parti

party

buku bergambar

picture book

bola

ball

anak patung

doll

main

play

lubang pasir

sandpit

buai

swing

mainan

toys

konsol permainan video

video game console

basikal roda tiga

tricycle

anak patung beruang

teddy bear

almari pakaian

wardrobe

pakaian
clothing

stoking

socks

stoking

stockings

ketat

tights

skarf
scarf

payung
umbrella

kemeja-t
t-shirt

g/keselamatan

but
boots

selipar
slippers

kasut sukan
trainers

sandal	kasut	but getah
sandals	shoes	rubber boots
seluar dalam	coli	ves
underpants	bra	vest

badan

body

Seluar panjang

trousers

jean

jeans

skirt

skirt

blaus

blouse

kemeja

shirt

baju panas sarung

pullover

sweater

hoodie

blazer

blazer

jaket

jacket

kot

coat

baju hujan

raincoat

kostum

costume

pakaian

dress

baju pengantin

wedding dress

sut

suit

baju tidur

nightgown

baju tidur

pyjamas

sari

sari

skarf kepala

headscarf

serban

turban

burqa

burqa

kaftan

kaftan

abaya/jubah

abaya

baju renang

swimsuit

seluar renang

trunks

seluar pendek

shorts

sut balapan

tracksuit

apron

apron

sarung tangan

gloves

butang

button

cermin mata

glasses

gelang tangan

bracelet

rantai leher

necklace

cincin

ring

subang

earring

topi

cap

penyangkut kot

coat hanger

topi

hat

tali leher

tie

zip

zip

topi keledar

helmet

pendakap

braces

uniform sekolah

school uniform

seragam

uniform

lapik dada
bib

palsu
dummy

lampin
nappy

kabinet fail
filing cabinet

pelayan
server

kertas
paper

mesin pencetak
printer

monitor
monitor

meja
desk

tetikus
mouse

folder
folder

papan kekunci
keyboard

bakul sampah
waste-paper basket

kerusi
chair

komputer
computer

cawan kopi
coffee mug

kalkulator
calculator

internet
internet

komputer riba

laptop

surat

letter

mesej

message

mudah alih

mobile

rangkaian

network

mesin fotokopi

photocopier

perisian

software

telefon

telephone

soket plag

plug socket

mesin faks

fax machine

bentuk

form

dokumen

document

beli

buy

bayar

pay

berdagang

trade

wang

money

dolar

dollar

euro

euro

yen

yen

rubel

rouble

franc swiss

Swiss franc

renminbi yuan

renminbi yuan

rupee

rupee

mata tunai

cashpoint

pejabat tukaran mata wang
bureau de change

emas
gold

perak
silver

minyak
oil

tenaga
energy

harga
price

kontrak
contract

cukai
tax

stok
stock

kerja
work

pekerja
employee

majikan
employer

kilang
factory

kedai
shop

ekonomi - economy

pegawai polis
police officer

ahli bomba
fireman

juruterbang
pilot

tukang masak
cook

doktor
doctor

tukang kebun

gardener

tukang kayu

carpenter

tukang jahit

seamstress

hakim

judge

ahli kimia

chemist

pelakon

actor

pemandu bas

bus driver

pemandu teksi

taxi driver

nelayan

fisherman

wanita pencuci

cleaning lady

kasau

roofer

pelayan

waiter

pemburu

hunter

pelukis

painter

bakeri

baker

juruelektrik

electrician

pembangun

builder

jurutera

engineer

penjual daging

butcher

tukang paip

plumber

posmen

postman

askar
soldier

arkitek
architect

juruwang
cashier

kedai bunga
florist

pendandan rambut
hairdresser

konduktor
conductor

mekanik
mechanic

kapten
captain

doktor gigi
dentist

ahli sains
scientist

tuhanku
rabbi

imam
imam

sami
monk

paderi
clergyman

tukul
hammer

playar
pliers

pemutar skru
screwdriver

sepana
spanner

obor
torch

pengorek

digger

kotak peralatan

toolbox

tangga

ladder

gergaji

saw

kuku

nails

gerudi

drill

baiki
repair

penyodok
shovel

Celaka!
Damn!

penadah sampah
dustpan

periuk cat
paint pot

skru
screws

alat muzik
musical instruments

perangkat dram
drum kit

pembesar suara
loudspeaker

gitar
guitar

bass berganda
double bass

trompet
trumpet

piano
piano

biola
violin

bass
bass

timpani
timpani

dram
drums

papan kekunci
keyboard

saksofon
saxophone

seruling
flute

mikrofon
microphone

alat muzik - musical instruments

harimau
tiger

sangkar
cage

zebra
zebra

makanan haiwan
animal feed

pintu masuk
entrance

panda
panda

haiwan
animals

gajah
elephant

kanggaru
kangaroo

badak sumbu
rhino

gorila
gorilla

beruang
bear

unta

camel

burung unta

ostrich

singa

lion

monyet

monkey

flamingo

flamingo

nuri

parrot

beruang kutub

polar bear

penguin

penguin

yu

shark

merak

peacock

ular

snake

buaya

crocodile

penjaga zoo

zookeeper

anjing laut

seal

jaguar

jaguar

kuda

pony

harimau

leopard

badak air

hippo

zirafah

giraffe

helang

eagle

babi jantan

boar

ikan

fish

penyu

turtle

anjing laut

walrus

musang

fox

rusa

gazelle

bola sepak Amerika
American football

berbasikal
cycling

tenis
tennis

bola keranjang
basketball

renang
swimming

tinju
boxing

hoki ais
ice hockey

bola sepak
football

badminton
badminton

olahraga
athletics

bola baling
handball

ski
skiing

polo
polo

ketawa
laugh

lompat
jump

peluk
hug

berjalan
walk

menyanyi
sing

mimpi
dream

berdoa
pray

cium
kiss

tulis
write

lukis
draw

tunjuk
show

tolak
push

beri
give

ambil
take

ada

have

buat

do

ialah

be

berdiri

stand

lari

run

tarik

pull

buang

throw

jatuh

fall

tipu

lie

tunggu

wait

bawa

carry

duduk

sit

pakai

get dressed

tidur

sleep

bangkit

wake up

lihat pada
look at

menangis
cry

strok
stroke

sikat
comb

cakap
talk

faham
understand

tanya
ask

dengar
listen

minum
drink

makan
eat

mengemas
tidy up

sayang
love

masak
cook

pandu
drive

terbang
fly

belayar

sail

kira

calculate

baca

read

belajar

learn

kerja

work

nikah

marry

jahit

sew

memberus gigi

brush teeth

bunuh

kill

asap

smoke

hantar

send

nenek
grandmother

datuk
grandfather

bapa
father

ibu
mother

bayi
baby

anak perempuan
daughter

anak lelaki
son

tetamu

guest

mak cik

aunt

pak cik

uncle

abang

brother

kakak

sister

dahi
forehead

mata
eye

bahu
shoulder

jari
finger

muka
face

dagu
chin

tangan
hand

dada
breast

kaki
leg

lengan
arm

bayi

baby

lelaki

man

wanita

woman

perempuan

girl

lelaki

boy

kepala

head

belakang

back

bawah perut

belly

pusat

belly button

jari kaki

toe

tumit

heel

tulang

bone

pinggul

hip

lutut

knee

siku

elbow

hidung

nose

bawah

bottom

kulit

skin

pipi

cheek

telinga

ear

bibir

lip

mulut

mouth

gigi

tooth

lidah

tongue

otak

brain

hati

heart

otot

muscle

paru-paru

lung

hati

liver

perut

stomach

buah pinggang

kidneys

seks

sex

kondom

condom

faraj

ovum

mani

semen

mengandung

pregnancy

haid

menstruation

faraj

vagina

penis

penis

kening

eyebrow

rambut

hair

leher

neck

hospital
hospital

ambulans
ambulance

kerusi roda
wheelchair

patah tulang
fracture

doktor

doctor

bilik kecemasan

emergency room

jururawat

nurse

kecemasan

emergency

tak sedar

unconscious

sakit

pain

kecederaan

injury

pendarahan

bleeding

serangan jantung

heart attack

strok

stroke

alergi

allergy

batuk

cough

demam

fever

selesema

flu

cirit-birit

diarrhoea

sakit kepala

headache

kanser

cancer

diabetes

diabetes

pakar bedah

surgeon

pisau bedah

scalpel

pembedahan

operation

CT

CT

x-ray

x-ray

ultrabunyi

ultrasound

topeng muka

face mask

penyakit

disease

bilik menunggu

waiting room

penongkat

crutch

plaster

plaster

pembalut

bandage

suntikan

injection

stetoskop

stethoscope

pengusung

stretcher

termometer klinik

clinical thermometer

kelahiran

birth

berat badan berlebihan

overweight

alat pendengaran

hearing aid

disinfektan

disinfectant

jangkitan

infection

virus

virus

HIV / AIDS

HIV / AIDS

perubatan

medicine

vaksinasi

vaccination

tablet

tablets

pil

pill

panggilan kecemasan

emergency call

pantau tekanan darah

blood pressure monitor

sakit / sihat

ill / healthy

Tolong!

Help!

penggera

alarm

serang

assault

serangan

attack

bahaya

danger

pintu kecemasan

emergency exit

Api!

Fire!

alat pemadam api

fire extinguisher

kemalangan

accident

alat pertolongan cemas

first-aid kit

SOS

SOS

polis

police

Eropah

Europe

Amerika Utara

North America

Amerika Selatan

South America

Afrika

Africa

Asia

Asia

Australia

Australia

Atlantic

Atlantic

Pasifik

Pacific

Lautan Hindi

Indian Ocean

Lautan Antartik

Antarctic Ocean

Lautan Artik

Arctic Ocean

Kutub utara

North Pole

Kutub Selatan

South Pole

Antartika

Antarctica

bumi

Earth

tanah

land

laut

sea

pulau

island

negara

nation

negeri

state

muka jam

clock face

tangan jam

hour hand

tangan minit

minute hand

terpakai

second hand

Jam berapa sekarang

What time is it?

hari

day

masa

time

sekarang

now

jam digital

digital watch

minit

minute

jam

hour

minggu
week

Isnin
Monday

Rabu
Wednesday

Jumaat
Friday

Selasa
Tuesday

Khamis
Thursday

Sabtu
Saturday

Ahad
Sunday

semalam

yesterday

hari ini

today

esok

tomorrow

pagi

morning

tengah hari

noon

petang

evening

hari kerja

business days

hari minggu

weekend

hujan
rain

pelangi
rainbow

angin
wind

salji
snow

musim bunga
spring

musim luruh
autumn

musim panas
summer

musim salji
winter

ramalan cuaca

weather forecast

termometer

thermometer

sinar matahari

sunshine

awan

cloud

kabus

fog

lembapan

humidity

kilat

lightning

petir

thunder

ribut

storm

hujan batu

hail

monsun

monsoon

banjir

flood

ais

ice

Januari

January

Februari

February

Mac

March

April

April

Mei

May

Jun

June

Julai

July

Ogos

August

September
September

Oktober
October

November
November

Disember
December

bentuk
shapes

bulatan
circle

petak
square

segi empat tepat
rectangle

segitiga
triangle

sfera
sphere

kiub
cube

warna
colours

putih

white

kuning

yellow

oren

orange

merah jambu

pink

merah

red

ungu

purple

biru

blue

hijau

green

coklat

brown

kelabu

grey

hitam

black

banyak / sedikit

a lot / a little

marah / tenang

angry / calm

cantik / hodoh

beautiful / ugly

bermula / tamat

beginning / end

besar kecil

big / small

terang / gelap

bright / dark

abang / kakak

brother / sister

bersih / kotor

clean / dirty

lengkap / tidak lengkap

complete / incomplete

hari / malam

day / night

mati / hidup

dead / alive

luas / sempit

wide / narrow

boleh dimakan / tidak boleh dimakan

edible / inedible

jahat / baik

evil / kind

teruja / bosan

excited / bored

gemuk / kurus

fat / thin

pertama / terakhir

first / last

kawan / musuh

friend / enemy

penuh / kosong

full / empty

keras / lembut

hard / soft

berat / ringan

heavy / light

lapar / dahaga

hunger / thirst

sakit / sihat

ill / healthy

menyalahi undang-undang / undang-undang

illegal / legal

pintar / bodoh

intelligent / stupid

kiri / kanan

left / right

dekat / jauh

near / far

baru / lama

new / used

tiada / sesuatu

nothing / something

tua / muda

old / young

hidup / mati

on / off

terbuka / tertutup

open / closed

diam / bising

quiet / loud

kaya / miskin

rich / poor

betul / salah

right / wrong

kasar / halus

rough / smooth

sedih / gembira

sad / happy

pendek / panjang

short / long

lambat / laju

slow / fast

basah / kering

wet / dry

panas / sejuk

warm / cool

berperang / berdamai

war / peace

0

sifar

zero

1

satu

one

2

dua

two

3

tiga

three

4

empat

four

5

lima

five

6

enam

six

7

tujuh

seven

8

lapan

eight

9

sembilan

nine

10

sepuluh

ten

11

sebelas

eleven

12

dua belas

twelve

13

tiga belas

thirteen

14

empat belas

fourteen

15

lima belas

fifteen

16

enam belas

sixteen

17

tujuh belas

seventeen

18

lapan belas

eighteen

19

Sembilan belas

nineteen

20

dua puluh

twenty

100

ratus

hundred

1.000

ribu

thousand

1.000.000

juta

million

Bahasa Inggeris

English

Bahasa Inggeris Amerika

American English

Bahasa Cina Mandarin

Chinese Mandarin

Bahasa Hindi

Hindi

Bahasa Sepanyol

Spanish

Bahasa Perancis

French

Bahasa Arab

Arabic

Bahasa Rusia

Russian

Bahasa Portugis

Portuguese

Bahasa Benggali

Bengali

Bahasa Jerman

German

Bahasa Jepun

Japanese

saya

I

anda

you

dia / dia / ia

he / she / it

kita

we

anda

you

mereka

they

siapa?

who?

apa?

what?

bagaimana?

how?

di mana?

where?

bila?

when?

nama

name

belakang

behind

dalam

in

di hadapan

in front of

lebih

over

pada

on

di bawah

under

bersebelahan

beside

antara

between

tempat

place